DEMONIACAL

Modest Sala

Editado por LEGAXART, S.L.

© Modest Sala
Primera edición: Febrero 2014
© de esta edición LEGAXART, SL.
© de imágenes e ilustraciones MODEST SALA

ISBN: 978-84-616-8622-3
Depósito legal: Art.5/g L.23/2011

Cualquier reproducción, distribución, comunicación pública o transmisión solo se puede realizar con la autorización de los titulares.

Demoniacal N1 81x60 Oleo Arches Lienzo

PROEMIO

Felicidad. La búsqueda de la felicidad. La felicidad, el bien más preciado de la vida. Todos la quieren, pocos la alcanzan. Es complicado.

No se conocen recetas para alcanzarla, a pesar que hay muchas circulando. Es parecido a lo que ocurre con las dietas --la mayoría milagrosas-- para perder peso.

Pienso que el camino para conseguir ser más feliz, de aumentar el grado de satisfacción personal, se lo tiene que trazar cada uno.

No obstante, previo a escoger este camino de la felicidad, es preciso lograr alcanzar un estado mental de equilibrio y paz, que permita acertar en la opción.

Este estado de equilibrio y paz no es posible si no penetramos en la realidad que nos envuelve.

Tenemos que expulsar de nuestra mente, en la medida que nos sea posible, las ideas preconcebidas, los prejuicios y los conceptos que nuestra cultura nos ha enseñado como indiscutible.

Es un ejercicio que consiste en situarnos como observadores externos a la propia realidad. Es una tarea imposible, pero que en la medida que podamos, debemos intentar llevarlo a cabo.

Solo, partiendo de nuestras propias sensaciones y percepciones, podremos hacer deducciones y valoraciones que nos aproximen a esta realidad externa a nuestro "yo".

Los apuntes que se exponen en este libro son mis apuntes. Constituyen mi propia visión sobre este asunto, que seguramente diferirán de la del lector.

La única pretensión es romper con la concepción tradicional de la realidad. Animar a romper planteamientos y valores muy arraigados socialmente. Intentar ver las cosas de una forma distinta.

Actualmente, se van rompiendo tabúes a marchas forzadas. Se está produciendo un cambio vertiginoso en el pensamiento social. Pero parece que exista una gran inseguridad en el interior de la persona individual en asumir plenamente sus convicciones, o, como mínimo, en desechar conceptos claramente absurdos.

Cuanta gente sigue ritos religiosos sin tener fe. Simplemente, por el temor o inseguridad en sus convicciones. Por si acaso "me equivoco y realmente existe el cielo o infierno" que me han enseñado en el seno de mi religión.

Pienso que hay que ser valientes. Tener ideas propias y claras. Actuar consecuentemente. Esto es la premisa para alcanzar paz y felicidad.

Estos apuntes han sido escritos para ser leídos relajadamente, para rumiar. Se trata de meditar sobre cada idea con sentido crítico, extrayendo conclusiones propias.

Barcelona, uno de enero de 2014.

MODEST SALA

DEMONIACAL

Serie Cósmica N19 81x65 Oleo Lienzo

MODEST SALA

I N D I C E

1. LA ESENCIA DE LA VIDA.
2. EL SUFRIMIENTO.
3. INSTINTO Y CULTURA.
4. CULTURA ENAJENANTE.
5. INSTINTO EGOISTA.
6. EL AMOR.
7. LA VIOLENCIA.
8. ORDEN NATURAL
9. DERECHOS Y OBLIGACIONES.
10. RESPONSABILIDAD Y QUIMICA.
11. LA SOBERBIA Y LA PREPOTENCIA.
12. EL BIEN Y EL MAL.
13. LA TIERRA HABITAT HOSTIL.
14. LA MUERTE Y LA RELIGION.

15. LA FE.

16. EL ESCEPTICISMO.

17. EL SEXO.

18. OTRA VEZ SOBRE EL BIEN Y EL MAL.

19. DEMAGOGIA DE LA IGUALDAD.

20. EL DUALISMO.

21. LO INFINITO.

22. LA REALIDAD Y NUESTRA REALIDAD.

23. ACTITUD ESCEPTICA ANTE LA VIDA.

24. EL SENTIDO DEL UNIVERSO.

Sin Titulo N259 72x93 Oleo Lienzo

MODEST SALA

1. LA ESENCIA DE LA VIDA.

Nos sentimos superiores, los humanos.
Nos sentimos distintos.
Nosotros somos. Y, luego, el resto de vivientes.

Pero no. Estamos equivocados.

Somos iguales.
Todos los vivientes somos en esencia iguales.

Actualmente somos la especie más desarrollada.
No lo éramos hace 100.000 años.
Posiblemente tampoco dentro de 10.000 años.

Deben de haber, en el Cosmos, seres superiores.
Especies mucho más evolucionadas que nosotros.

Es una cuestión de cantidad, no de cualidad.
Confundimos la cualidad con la cantidad.

La cualidad seria la conciencia del "yo".
El "yo" que decide, que se mueve, porque quiere.
Lo que distingue lo vivo de la materia inerte.
Podríamos llamarlo "alma".
Algo que nos hace conscientes de que existimos.

Todos los vivos tienen alma. Los animales y plantas.

El alma.

El perro sabe que vive, que existe. No quiere morir.
También un virus o cualquier célula.

Conciencia más desarrollada, menos desarrollada.

Astropitecus Africanus, consciencia rudimentaria.
Hombre primitivo, tribu salvaje, hombre contemporáneo.
Insecto, pez, reptil, bonobo.
Planta, estrella de mar, delfín.
Célula.
Es un tema de grado, cantidad de conciencia, solamente.

Somos esencialmente iguales.

La Naturaleza nos trata igual.
La Naturaleza, Dios, no entiende de derechos.

El hombre, el único que distingue.
Establece derechos.
Hombres con alma y hombres sin alma, incluso.
Salvajes, infieles y religiosos católicos.

La prepotencia del hombre.

Vendrán extraterrestres y nos tratarán como perros.

Reproducción y supervivencia, cualidades del alma.
Cualidades comunes a todos los seres vivos.

¿Cómo podemos otorgarnos el saber lo que piensan los animales?¿Saber lo que sienten?

Para la Naturaleza, somos idénticos.
Ninguna prerrogativa nos viene dada.
No somos más importantes que una mosca.

DEMONIACAL

Sin título N462 81x65 Oleo Lienzo

MODEST SALA

2. EL SUFRIMIENTO.

El sufrimiento solo afecta al hombre.
Convicción general.

El resto de seres no tienen ni derecho a sufrir.

Somos los hijos de Dios.
Imagen y semejanza de Dios.
La especie elegida para el destino celestial.

Somos lo importante.

El resto de seres no se dan cuenta de que existen.
Claro, cuando mueren desaparecen definitivamente.
No tienen sentimientos.
No sufren ni sienten dolor.
Son como objetos.

Así pensamos.
O, desde luego, no pensamos lo contrario.
O actuamos como si así pensáramos.
O lo queremos ignorar.

Pues bien. Error.

Los animales sienten exactamente igual que el hombre.
Quizás también las plantas.

Un pajarito encerrado en una jaula, sufre.
Cuando matamos un mosquito, segamos una vida.

Ningún ser vivo quiere morir.

Un animal defiende su vida como cualquier hombre.
Un animal siente como el ser humano.
Es más primario, más simple, más rudo.

Es esencialmente, igual.

En cambio, nos conmueve ver el dolor humano.
Nos trastorna la muerte de un ser querido.
Pero no tiene importancia la muerte de un insecto.
Trascendencia de la muerte de una persona.

Pero para la Naturaleza son la misma cosa.
Tienen la misma importancia y trascendencia.
La propia Naturaleza nos lo recuerda a menudo.
Fenómenos naturales cercenan miles de vidas humanas.

La Naturaleza no hace distinción.

¿Por qué somos, los hombres, tan prepotentes?

MODEST SALA

Sin Título 451 60x100 Oleo Lienzo

3. INSTINTO Y CULTURA.

Las leyes de la Naturaleza, gobiernan el Universo.
Y, cómo no, gobiernan la vida en el Universo.

Las llevamos impresas en el alma. Todos.

Fijan nuestro comportamiento y destino.
Son normas de conducta de las que no nos podemos apartar.
Son como una fuerza irresistible que nos atrae.

Estamos sometidos.

Es el instinto.

El libre albedrío es el carril de la autopista.
El instinto es la autopista.

Algunos se apartan del instinto.
Por voluntad o enfermedad. Son excepciones.

La Naturaleza arrasa e impone su ley.

Todos los vivos están sometidos al instinto.
Reproducción y supervivencia. Reglas básicas.

Yo, mi familia, mi grupo, mi especie.
Prioridad de aplicación.
El hombre y la cultura.
Cultura producto de la evolución de la mente.
El hombre evolucionado memoriza y racionaliza experiencias.

Estos conocimientos memorizados son la cultura.

La cultura es transmitida de generación en generación.
La cultura es axioma para el aprendiz. No la cuestiona.
La evolución cultural es muy lenta.

El concepto de bien, mal, justicia, igualdad. Conceptos culturales.

Cultura como prolongación del instinto.

El instinto de supervivencia. Necesidad de defensa del entorno.
Defensa de uno mismo, su familia, su grupo.
Mecanismo de defensa. Creación de valores culturales.
Esto está bien, esto está mal.
Creación de leyes en protección de estos valores.

Dios, la Naturaleza, no interviene.

Cultura como invención puramente humana.
Conceptos de la cultura inventados por el hombre.

Nada tienen que ver con Dios y la Naturaleza.
Para la Naturaleza no existe la cultura.

La cultura es una falacia.

Cada grupo con su cultura, sus conceptos culturales.
Su origen está en la necesidad surgida del instinto de supervivencia.

La prohibición de matar consensuada en el grupo.
Se trata que nadie me pueda matar a mi o mi familia.
La igualdad, para que el poderoso no me vilipendie.

La cultura como mecanismo de autodefensa.

Los valores de una cultura.
Conveniencia grupo dominante.

Conceptos variables del bien y del mal.
Obra humana, exclusivamente humana.

Dios no distingue del bien y el mal. No le preocupa.

El hombre impone el bien. Dios impone el instinto.

El instinto impone reproducción. No importa violación.
El hombre impone matrimonio. Prohíbe violación.
Mundo animal. No importa violación.
Ley del más fuerte.

La cultura reconduce el instinto, sin cambiarlo.

Nuestra situación en la Tierra. Recursos limitados.

La Naturaleza nos hace culturalmente malos.
La cultura humana nos hace culturalmente buenos.

La Naturaleza nunca premiará el bien.

La Naturaleza desconoce el bien.

El niño, aprendiz de hombre, recibe la cultura de sus padres.
Percepción de estos valores como absolutos.
Como permanentes, impresos en el alma.
Inspirados por Dios.

Nada más falso.
Valores efímeros.

Mecanismo instintivo de defensa ante un mundo hostil.

Relativismo del bien y del mal en el tiempo, raza y grupo.

Utilitarismo de la cultura.
Mutabilidad de la cultura.

Empieza con el hombre. Se termina con el hombre.

Desaparece como el humo.

Solo permanecen el Cosmos y sus leyes eternas.
El Cosmos sigue su dinámica inmutable.
El Cosmos hacia su desconocido destino.

Casi absoluta ignorancia del hombre.

4. CULTURA ENAJENANTE.

Fuentes de la cultura: mentes humanas.

Necesidad e imaginación. Mucha necesidad.

Valores culturales.

Valores del hombre, condicionado por la sociedad.

No son valores divinos.
Son valores humanos mutables.

Percepción del hombre: valores divinos inmutables.

Error.
Error que imposibilita la búsqueda de la verdad.

Nos mantiene ignorantes.

La verdad única. La única realidad.

Observación de la Naturaleza, de Dios, del Cosmos.

MODEST SALA

MODEST SALA

Sin Título N261 60x100 Oleo Lienzo

5. INSTINTO EGOISTA.

El "yo", el "ego". El centro.
Lo más importante del viviente.

El "yo" egoísta, por esencia propia.

Instinto de supervivencia y conservación.

Primero, yo. Luego todo lo demás.
Relación de pareja.
Instinto de reproducción.
Relaciones grupales, relaciones sociales.
Relación social como necesidad de defensa.

Necesito para protegerme del entorno hostil.

Renuncio a mi ego para sentirme más fuerte.
Más seguro.

No tengo vocación social.

Acepto limitaciones instintivas de mi ego.
No tengo más remedio.
Acepto normas del grupo.
Solo un fin: supervivencia.

Solo, me depredan.
Necesito defenderme.
Integración en un grupo.
Normas de convivencia imprescindibles.
Solo un fin: supervivencia.

MODEST SALA

Así son en las relaciones sociales y animales.

Desenfreno del "ego" del fuerte, del superior.
Solo límites externos le pueden poner freno.

DEMONIACAL

Serie Cósmica N7 81x65 Oleo Lienzo

MODEST SALA

6. EL AMOR.

La cultura del amor.

Uno de los ejes de las culturas.
Sentimiento ensalzado por doquier.

¿Amor o egoísmo? Esta es la cuestión.

Amor: entregar sin esperar nada.

Egoísmo: intercambio de prestaciones.

Único amor verdadero: de padres a hijos.
Amor instintivo. La prolongación del «yo».
Perpetuación instintiva de los genes.
Mis hijos son «yo».
No hay planteamiento, ni intercambio.
Entrega de una sola dirección.
No se espera retorno.

Amor de pareja.
Correspondencia. Intercambio.
Si no hay satisfacción personal desaparece el «amor».
O satisfacción sexual.
Si no se recibe contraprestación se convierte en odio.

¿Deberíamos cambiar el nombre a este tipo de amor?

Amor al resto de prójimos.

MODEST SALA

Intercambio puro y duro.
Puede haber intercambios con lealtad.
Digámosle: amistad.

DEMONIACAL

Capvespre Fred 65x50 Oleo Lienzo

MODEST SALA

7. LA VIOLENCIA.

La violencia, manifestación más genuina del "yo".

Puro instinto.

Inherente al instinto de supervivencia.

Surge directamente del alma.

Reacción natural a la amenaza o agresión.
Recurso para depredar.
Depredar para sobrevivir.

Normal.
Solo los puritanos se escandalizarían.

¿Qué relación con lo que llamamos "el mal"?

Subamos arriba, muy arriba, y observemos.

La visión casuística enturbiada por la cultura nos confunde.

¿Por qué de la violencia?

La violencia como reacción innata del ser vivo.

En el mundo animal todo es violencia.

Violencia entre especies.
Violencia entre los individuos de la especie.
Violencia entre hombres y animales.

Violencia entre hombres.

¿Cómo no va a haber violencia?

Estamos metidos en un hábitat hostil: La Tierra.
Todos los seres vivientes. Juntos.
No sabemos el por qué. No sabemos qué nos espera.

Un "alien" interno que nos obliga a reproducirnos y sobrevivir.

Hábitat hostil. Recursos limitados.
Debemos obtener energía para sobrevivir.
Debemos comer.

Nos tenemos que comer unos a los otros para sobrevivir.

La especie dominante. --el hombre-- come a las dominadas.
Seres minúsculos --virus-- nos atacan, también para sobrevivir.

Violencia, consecuencia del hábitat hostil y recursos limitados.

No es, en esencia, muy distinta la violencia animal y la humana.

Los científicos así lo afirman.

Experimentos.
Animales encerrados en entorno hostil.
Animales con comida limitada que deben compartir.

DEMONIACAL

Personas pacíficas en situaciones extremas.

No somos culpables de ser violentos.

Consecuencia «natural» de las circunstancias que nos afectan.

Instinto, causa, efecto.

No simplifiquemos con el bien y el mal.
Es útil reprender y contener la violencia.
Si no lo hacemos, tememos ser agredidos.

Es útil. No vayamos más allá. Es útil.

Encerremos a los violentos.
No porque sean malos o pecadores.

Castiguemos la violencia.
Decisión exclusivamente práctica.

Pero, no seamos fariseos.

No nos preocupa la violencia contra los animales.
Esta violencia no es inquietante. Somos los autores.
No nos perjudica. Sacamos provecho.
No nos es útil criminalizar este tipo de violencia.

MODEST SALA

8. ORDEN NATURAL.

¿Cómo funciona la Naturaleza?
¿Cuáles son las normas en que se desenvuelve todo?
¿Qué es "lo normal" en el planeta Tierra?
¿Qué ocurre en los ámbitos que el hombre no interviene?
¿Es posible abstraer "lo normal", sin concretar época?

Es difícil ser observador y, a la vez, observado.

Tendríamos que alejarnos de la Tierra.
Olvidarnos de todo.
Y volver.
Volver sin prejuicios.
Como si fuéramos un extraterrestre.

Y, observar. Observar.

Observar nuestro tiempo.
Observar antes de la aparición del hombre.
Observar animales, incluidas las personas, y plantas.

¿Cuáles serian nuestras sensaciones?
¿Qué pensaríamos?
¿Qué más nos llamaría la atención?

Sin dudar, la violencia.

Violencia entre especies.
Violencia entre individuos de la propia especie.

MODEST SALA

Los seres deben comerse unos a otros.
Necesario para seguir viviendo.

Evolución de los cuerpos. Adaptación al entorno.
Solo los mejor adaptados sobreviven.
Mejor cuerpo adaptado.
Máquina extractora de energía.
La mayoría de órganos dedicados a esta función.

Seres como máquinas trituradoras de otros seres.
Triturar seres, obtener su energía.
Expulsar los residuos.
La digestión.

Asesinatos entre especies para apoderarse de la energía necesaria.

Lucha por el territorio.
Lucha para conseguir las mejores hembras.
El más fuerte es el ganador, el que sufre menos.
El más fuerte es el que se reproduce más.

Mucho sufrimiento, en general.
Mucho dolor.

Algunos seres dominantes sufren menos que la inmensa mayoría.

Esto siempre ha sido así. No es obra humana.
Antes de que el ser humano existiera, ya era así.

El animal dominante es el hombre.
Hoy somete al resto.

El hombre intenta, a toda costa, sustraerse de la violencia natural.

Se organiza y establece leyes.
Intenta minimizar el "mal".
Naturaleza, "mal".
¿Hombre, orientado al "bien"?

Poco puede hacer contra las normas de la Naturaleza.

MODEST SALA

DEMONIACAL

Demoniacal N2 81x65 Oleo Arches Lienzo

MODEST SALA

9. DERECHOS Y OBLIGACIONES.

Inventos de la cultura.

Lo único que preocupa al ser es su supervivencia.

El individuo busca solo su propia conservación.

Primero intenta integrarse en un grupo fuerte.
Ahí se siente seguro. El grupo domina.
Desprecio máximo a los dominados.

El individuo necesita paz y seguridad dentro del grupo.

Lo exterior al grupo no le preocupa para nada.

Paz para no ser agredido dentro del grupo.

El "yo" egoísta dentro del grupo está solo y débil.
Su ego le obliga a consensuar normas de conducta.
Fórmula: establecer leyes que confieren derechos.
También crear obligaciones.

Las leyes son útiles para el individuo.

Quizás, además, puede que sean justas y equitativas.
Útiles para el individuo del grupo dominante.

Los derechos se extienden con la evolución del grupo.
En democracia, el grupo dominante es muy extenso.

MODEST SALA

En la historia los grupos han sido restringidos.
Caciques, nobles, capitalistas,...
Esclavos, siervos, colonizados, proletarios,...

Dominantes, dominados.

¿Y los animales?
No tienen derechos. No tienen alma.
Esta es la excusa.

Idénticos argumentos, colonizadores medievales.
Los «salvajes» no tenían alma. Tampoco derechos.

¡Que argumentación tan falaz!

El alma pertenece a la Naturaleza, al Cosmos.
El alma es inmutable.

Las leyes y derechos son obra efímera humana.

Su causa es la utilidad.

La Naturaleza no sabe que es la justicia ni igualdad.
No existe en la Naturaleza la igualdad.

Unos nacen inteligentes, otros tontos.
Unos guapos, otros feos.
Unos ricos, otros pobres.

No existe la justicia en la Naturaleza.

El bueno normalmente no es rico.
El trabajador no triunfa a menudo.
La enfermedad es aleatoria.

DEMONIACAL

Nos quejamos de los humanos tribunales de justicia.

Casi nadie se atreve a hablar mal de Dios.

La execrable injusticia está en la Naturaleza.
¿Es Dios la Naturaleza?
¿Es la Naturaleza obra de Dios?
O, ¿Es la Naturaleza obra de un ente demoniaco?

Miedo a la muerte y los fantasmas.
¿Es la vida una prueba?

¿Alguien se cree esta versión?

Un concurso entre buenos y malos.
Los malos lo pasan bien en la Tierra.
Los buenos serán recompensados en el Cielo.
Hemos entrado en el siglo veintiuno.

MODEST SALA

DEMONIACAL

Demoniacal N6 81x65 Oleo Arches Lienzo

MODEST SALA

10. RESPONSABILIDAD Y QUIMICA.

La sociedad debe organizarse.

La Naturaleza engendra violencia.
Violencia y desorden.

Pero el ser quiere sobrevivir.
Instinto de supervivencia.

El grupo social quiere sobrevivir.
Derechos y obligaciones: leyes.
Castigos.

Es preciso.
Es útil y necesario.

Es la respuesta del hombre al caos natural.
No hay intervención, ni inspiración divina.

La Naturaleza es violencia.
No puede haber castigo divino.
El creador del caos es el responsable.
La química y entorno determinan la conducta.

Genes, adrenalina, estrógenos, sufrimiento físico.
Necesidad, desequilibrios físicos y mentales.
Química de la agresividad.

¿Hasta qué punto la voluntad es libre?

Vivencias de la infancia.
Formación de la voluntad.

Voluntad como fruto.
El árbol es la niñez.
Es el crecimiento del árbol determinante.

¿Responsabilidad del ser ante el Universo?
¿Responsabilidad ante el supuesto Dios?

Ética, concepto estrictamente humano.
Ética, temporalmente variable.
Ética, solo materia. Invención del hombre.

Ética necesaria, útil.

El producto de la lucha contra el caos natural.

Orden social como útil y necesario.
Pero solo útil y necesario. Sin más trascendencia.
Necesario para el individuo.
Defensa ante otros individuos.
Muy útil.
Es útil cumplir las leyes.
Es necesario cumplir las leyes.
Ninguna relación con la moral y sus valores.

Pragmatismo del orden social.
Pragmatismo del orden natural.
Esta es la realidad.
Nada de valores morales inalterables.

11. LA SOBERBIA Y LA PREPOTENCIA.

Elegidos por Dios, centro del Universo.
Reyes de la Naturaleza.

¡Supino grado de ignorancia y de soberbia!

Somos fugaces en el Universo.
Fugacidad como seres y como especie.

Intrascendentes.

Nadie está pendiente de nosotros.
Diminuta célula dentro del cuerpo cósmico.
Encerrados en la Tierra con nuestros semejantes.

Ahí hemos aparecido. Nadie nos ha preguntado.
Tampoco han preguntado a nuestros semejantes.
Nuestros compañeros de celda: animales y plantas.

Todo es materia y vida fugaz.
Nada más, a la vista.
Ni milagros, ni resurrecciones, ni paraísos celestiales.

Lo que percibimos, existe.

Lo demás es un invento de nuestra mente.

Lo que no percibimos es invento o especulación infundada.

Somos un microbio en el extremo de nuestra galaxia.

MODEST SALA

Nuestra galaxia es un microbio en el Universo.

¿Cómo vamos a ser importantes para el Universo, para Dios?

Somos pieza minúscula en el desconocido devenir del Universo.

Devenir y transformación.

Dinámica cósmica desentrañable para nosotros.

La Humanidad no ha asumido aun el descubrimiento de Galileo.

Nos resistimos a asumir que somos seres intrascendentes.

Seguimos pensando en nuestra superioridad.
Que la naturaleza esta para nuestro servicio.

¿Cómo podemos ser tan pedantes e ignorantes?

MODEST SALA

Demoniacal N7 73x92 Oleo Lienzo

12. EL BIEN Y EL MAL.

Conceptos relativos.

Dependen de cada tiempo y cada especie animal.

Conceptos simples.
En su nombre se condena y se mata.

La Naturaleza, Dios, no define estos conceptos.
No le importan.

Asesinato de un toro: bien.
Asesinato de un hombre: mal.

No entendemos nada.

Estos conceptos no vienen de Dios.
Los ha inventado el hombre.

Cada raza de hombres tiene su bien y su mal.

Yo diría que es una reacción defensiva.
Prohíbo matar para que no me maten a mí.

La cultura lo distorsiona todo.

Llegamos a creernos nuestras propias invenciones.
Conocimientos heredados, validados por la cultura.
Valores culturales inmutables, sin discusión.

Matamos un animal.
Comemos un animal sin afectación emocional alguna.

MODEST SALA

Siempre lo hemos visto así. Es normal.

No somos muy distintos que el resto de animales.
Respetan a los de su especie, solamente.

¿Bueno, normal, el sometimiento de la mujer al hombre?

Incluso, hoy, ciertas culturas lo tienen por bueno.

Malo para Occidente

Hombre esclavo, objeto. Normal, antaño.
No era distinto de un animal.

Hoy, normal que todos los hombres tengan los mismos derechos.

El bien lo inventa la cultura.
La cultura la domina el poder.

La Naturaleza no entiende de bien, ni de mal.

El mundo animal es la Naturaleza en estado puro.
Esta libre de cultura.

Pues, el mundo animal es el mundo del mal.

El más fuerte se come al más débil.

La fuerza vence.
No la justicia, la generosidad, la igualdad.

Las especies dominantes vencen a las más débiles.
En cada especie, los más fuertes dominan.

El hombre, especie dominante en la Tierra.

Nos creemos las criaturas de Dios.
Ignoramos lo fugaz de nuestra dominación.

Creemos en ángeles celestiales.
Desconocemos únicas las leyes de Dios conocidas.

La Naturaleza, Dios, solo quiere cosas muy simples.
Que nos reproduzcamos y sobrevivamos.
Esta es la constante en el mundo animal y vegetal.
Esto no tiene discusión.

Estas leyes las llevamos impresas en nuestra alma.
Ni la cultura puede distorsionar demasiado estas
leyes de la Naturaleza.

La Naturaleza no entiende del bien y del mal.

Bien, Mal.

Invenciones humanas. Realidad distorsionada.

Lo que nos hace daño.
Lo que nos satisface.
Lo que nos protege.
Lo que nos hace vulnerables.
Nada que ver con el bien y mal.

MODEST SALA

13. LA TIERRA HABITAT HOSTIL.

Es extraño.

Estamos atrapados. Prisioneros en un globo hostil.

La Naturaleza nos impone la supervivencia.

Necesitamos energía para sobrevivir.

Somos máquinas de procesar elementos en energía.
Necesitamos comer. Comer seres vivos.
Asesinamos seres vivos, para sobrevivir.
Todos los seres son asesinos de otros seres vivos.
Sólo las plantas son capaces de vivir sin asesinar.

Es extraño.

La Tierra es un infierno. Y no tenemos opción.

Estamos en un lugar que nos es ajeno.
No pertenecemos a este lugar.

La edad nos hace viejos y débiles, nos extermina.

Tiene que haber un lugar en el Universo que nos sea propio.

Un hábitat que sea idóneo para desarrollar la vida.
Desarrollo de una forma relajada.
Sin asesinatos, sin angustias, sin dolor, sin muerte.

La vida no pudo crearse, sin más en nuestro planeta.
De la materia no se crea vida.

La vida ha venido del cosmos exterior.
Quizás accidentalmente.

La vida ha arraigado en este mundo hostil.

Malvivimos.

No es lógico, ni normal este estado de cosas.

Canibalismo necesario, impuesto por el entorno.

¿Quién ha creado semejante checa de tortura?

Pensemos en las especies dominadas depredadas.

14. LA MUERTE Y LA RELIGION.

A todos nos aterroriza. Nadie normal quiere morir.

Los animales no quieren morir.

Racionalizamos lo irremediable.
Algunos lo asumimos.
De esta manera se nos hace soportable.

Es miedo a lo desconocido.
Es despedida de nuestros seres queridos.

Mecanismo de defensa: la religión.
El paraíso celestial, la continuidad, negación de la muerte.

Simplemente eso. Desde el principio del hombre.

Cada grupo humano, correspondiente religión.
No aceptamos las leyes inmutables de la Naturaleza.
Observamos el dolor, mecanismo de supervivencia.

No entendemos nada.

Las agresiones mutuas. Nos parece injusticia.
Ricos y pobres. Bondad y maldad.

Mecanismo de defensa: la religión.

En el "paraíso celestial" compensará la injusticia.

Pero ninguna prueba, ningún indicio de su existencia.

Jamás nadie ha visto un espíritu.
Nadie ha resucitado.

Barbaridades en nombre de la religión.
Milagros que, curiosamente, hoy no se producen.
Hombres impíos y depravados, profetas de Dios.

¿Cómo puede haber creyentes?

La muerte es irremediable.

Somos infinitamente ignorantes.

No tenemos ni idea de los secretos del Cosmos.

Miedo a perder la esperanza que nos da la religión.
Miedo a aceptar nuestra macabra situación.
Miedo a la realidad que nos envuelve.

Autoengaño y autosugestión.
Condiciona las conductas humanas.
Activo del poder para dominar a las gentes.
Causa de frustraciones y temores inventados.

¿No es más relajante asumir que no tenemos ni idea del pretendido mundo espiritual, ni qué nos depara la muerte, si nos depara algo?

Miedo a perder los valores espirituales.

¿Es que la persona humana no tiene sus propios valores personales, inducidos por la cultura alienante, para prescindir de la religión?

DEMONIACAL

Demoniacal N5 100x81 Oleo Lienzo

MODEST SALA

15. LA FE.

Lo científico no necesita de la fe.
La realidad es la que es.
Las cosas son como son.

Lo que no se encuentra explicación es una incógnita.
Solamente es una incógnita.

La explicación puede ser cualquiera.
Hasta que se encuentre, es una teoría.

De momento es una incógnita.

Podemos hacer conjeturas.
Pero serán conjeturas.

Teorías y conjeturas como verdades inalterables.
Es el efecto de la fe.

Los fieles creen firmemente teorías indemostradas.

Entran en un estado mental alterado.
Pueden trastornar la conducta gravemente.

Para entenderlo sólo hay que repasar la Historia.

Fenómenos naturales, explicados como manifestaciones divinas.
Milagros realizados por profetas.
Tierra centro del Universo.
Sol como Dios.
Sacrificios humanos para aplacar la ira de Dios.

Concepciones virginales.
Inquisición.
Brujas quemadas.
Guerras religiosas. Cruzadas.
Herejes.
Masacre cátara.

A más ignorancia, más fe. Constante histórica.
Nuestros conocimientos son muy limitados.

Menos ignorancia, menos fe.
Cada día adquirimos más conocimientos.

Normal, la decadencia de la fe.

Pero, aun somos muy ignorantes.
Hay que asumir esta idea. Hay que conformarse.

Es mejor conformarse que engañarse a uno mismo.
El autoengaño no resuelve nada.

La esperanza del autoengaño es una falsa esperanza.

16. EL ESCEPTICISMO.

Escepticismo, agnosticismo, perdición del hombre.
Causa de crímenes y conductas desordenadas.
Origen de la maldad.

¿Por qué hacer el bien, sin recompensa celestial?

Creencia, más o menos, generalizada.

¡Qué gran falsedad!

Religión. Instrumento del poder para dominar rebaños humanos.
Instrumento que se aprovecha de la debilidad, necesidad e ignorancia.
Textos sagrados interpretados según conveniencia.
Textos que proclaman la bondad como finalidad.
Textos para justificar los más horrendos crímenes.
Sacrificios humanos, exterminación de herejes.

Desorden social. Violencia social.
Necesidad, utilidad, conveniencia de erradicación.
Mecanismo de autodefensa.

El desorden social se remedia con leyes útiles.
Actitud pragmática ante el fenómeno.
Estado de Derecho. Controlado. Limitado.

Creencias no son adecuadas.

El hombre es pacífico si tiene sus necesidades cubiertas.

Seguridad en no ser agredido. Se llama justicia.

El hábitat hostil en el que vivimos impide cumplir estas condiciones.

Cuanto menos hostil sea el entorno menos aflora la violencia.

La realidad es esta. Es la que es.

Influencia perversa de la religión alienante.

DEMONIACAL

Demoniacal N8 81x65 Oleo Lienzo

MODEST SALA

17. EL SEXO.

La Naturaleza empeñada en que nos reproduzcamos.
Tenemos impreso en el alma este instinto de copular.
Tenemos el deseo y la necesidad de copular.
Todos los vivientes.

Es como una fuerza irresistible.
Así lo quiere la Naturaleza.

La cultura intenta canalizar esta necesidad.

Mundo animal: sexo y violencia. Íntimamente unidos.
El que domina tiene más sexo que el débil dominado.

La convivencia cercana de dos seres vivos muy difícil.
Seres que tienen que compartir espacio se repelen.

Solo la fuerte atracción del sexo contrarresta esta repulsión.

La Naturaleza lo ha querido así.

Habría que analizar el porqué.

Quizás intuiríamos cual es nuestra función y destino en el Cosmos.

Esto es una ley natural, que se cumple.
Está claro.

Las excepciones patológicas o de otra índole no invalidan la norma natural.

Decimos que lo que no es normal, no es querido por la Naturaleza.

Amor, amistad son otros conceptos culturales distintos del sexo.

La esencia del sexo no está en la cultura.
Cultura producto de la mente humana.
Sexo como fundamento de la reproducción.
Reproducción ley impuesta por la Naturaleza.
Ley impuesta coercitivamente a través sexo.

Sexo, común seres vivos.
Los vivos se rigen por mismas leyes esenciales.
Esencia del sexo no hay que buscarlo en cultura.
Esta esencia se obtiene observando seres vivos.
La observación debe abarcar a todos los vivientes.

El sexo y el amor pueden estar unidos.
Pero pueden no estarlo en la relación personal.

Solo sexo. Solo amor.
Amor y sexo. Otras muchas circunstancias.
Necesidad económica, afectiva, dependencia, inseguridad, puro egoísmo, etc.

¿Por qué la Naturaleza tiene tanto interés en que nos reproduzcamos, proliferando? ¿Por qué, luego nos extermina masivamente, haciendo que desaparezcan definitivamente especies completas?
¿Por qué la reproducción implica una evolución perfeccionista de adaptación al entorno?

DEMONIACAL

Demoniacal N4 81x65 Oleo Arches Lienzo

MODEST SALA

18. OTRA VEZ SOBRE EL BIEN Y EL MAL.

La Naturaleza y el entorno. El alma.
El instinto, supervivencia, violencia.
Sufrimiento, dolor.
La vida animal en estado puro.

Todo esto sería el Mal, si el Mal existiera.

Lo natural nos empuja hacia el Mal.
El Universo es el Mal, tal como lo entendemos.

¿Dónde podemos encontrar el Bien, escaso?

La generosidad versus el egoísmo.

Es difícil su búsqueda. Atisbos se pueden encontrar.

La rebelión contra la Naturaleza.
Esto es la generosidad.

Algunos hombres son buenos.
Trazas de bondad en los seres humanos.

Maldad extrema en el Universo.

¿Cuál es el significado de todo ello?

Ninguna idea tenemos.

Es cierto que la Naturaleza premia al malo.
El fuerte es el que sobrevive y se reproduce.
El débil se extingue.

MODEST SALA

Evolucionismo darwiniano.

No hay más. No sabemos más.
Nadie sabe más.
Especulaciones celestiales no sirven.

Lo que no puede ser percibido, no existe.

¿Son, los conceptos del Bien y Mal, invenciones?
¿Son invenciones de la mente humana?

19. DEMAGOGIA DE LA IGUALDAD.

Políticos demagogos.
Ignorancia de los ciudadanos.
Despilfarro, pobreza, ruina.

Todos somos "buenos", generosos, ultraístas.
La culpa de todos los males es de los poderosos.
Todo el mundo tiene que percibir igual salario.
Pensiones para todos.
Eliminar todas las diferencias económicas.

Derecho a vivienda, educación, salud.
El Estado es responsable de sufragar todo.

Vamos directo al precipicio.
No aprendemos.
Debacle sistemas comunistas.

Políticas que ignoran a la Naturaleza.

Egoísmo del ser.
Cualidad esencial.
Cualidad inmutable.

La cultura social puede limitar, frenar el "ego".
No puede cambiar una ley natural.
Ley común a la vida.

Esfuerzo, sacrificio individual.
Imprescindible. Prosperidad social.

Fuente energía: esfuerzo y sacrificio.

Supervivencia y reproducción.
Egoísmo y sexo.

Tener más que los demás. Ser más fuerte.
Posibilidad de copular más y mejor.
Posibilidad de mayor supervivencia.

Sin expectativas, desaparece sacrificio y esfuerzo.
Sin sacrificio y esfuerzo individual, solo ruina social.

Cultura impone solidaridad.
Límite a la solidaridad.
Difícil frontera. Línea roja.

Extralimitación línea roja.
Más igualdad y justicia.
Ineficiencia sistema.
Ruina del sistema.
Pobreza para todos.
Más iguales y más pobres.

Políticos fariseos.
Deberían ser castigados por los ciudadanos.
Premio a la sinceridad.
Castigo a la mentira.

Dignidad del ciudadano.
Conocer la realidad.
Rechazo de la demagogia.

20. EL DUALISMO.

Lo bueno, lo malo.
El ser, la "nada".
Amor, odio.
Positivo, negativo.
Macho, hembra.
Euforia, depresión.
La luz, la oscuridad.
El día, la noche.

Así lo vemos, así lo sentimos.

La mente, producto de sensaciones.
Experiencia, sentidos, realidad.
Nuestra realidad.

El mundo verdadero real versus nuestra realidad.

Nuestra concepción del mundo.
El mundo de ahí afuera.

La Naturaleza sin el hombre. Ahí está.

¡Cuán errados podemos estar sobre todo!.

Realidad no percibida.

La mente, el razonamiento, la razón.
Computadora auto programada por los sentidos.
Razonamiento, autoejecución de programas.
Ideas, resultado deductivo de la computadora.

MODEST SALA

¡Cuán errados podemos estar sobre la realidad!.

Las dualidades como ideas de la mente.

Nada tienen que ver con la verdad vital.
Las dualidades de la confusión.

Imposibilidad de comprender el Universo.
Verdad inalcanzable.

DEMONIACAL

Demoniacal N9 81x65 Oleo Lienzo

MODEST SALA

21. LO INFINITO.

Infinito, sin fin, sin límites, todo.

Un tiempo que no empieza. Tampoco acaba.

El espacio al que siempre le sigue más espacio.

Una idea. Solo una idea.

¿Cómo comprender esta idea?

¿Qué existe después del infinito? ¿La Nada?
¿En qué consiste la Nada, si no existe?
No podemos entender un espacio vacío, sin absolutamente nada.

No podemos entender la terminación del tiempo.

Nuestra mente se ha forjado desde nuestros sentidos.
La experiencia nunca ha percibido algo infinito.
Todo lo conocido es finito.

El infinito puede ser una realidad.

Muchas ideas pueden ser reales.
Posibilidades sin indicio de certeza.

Es totalmente imposible comprender.
Es absurdo imaginar, intentar adivinar.

Somos seres minúsculos.

MODEST SALA

Nuestro cerebro es primitivo.

Conocer lo infinito seria conocer Dios.
Pero es imposible.

Sólo nos queda esperar.
Esperar la permanencia de nuestro yo.
Sin anhelos, sin miedos.

Todo es posible. Absolutamente todo.
La realidad infinita puede, o no puede, ser.
Seguramente será.
Pero será lo inimaginado e inimaginable.
Nada que ver con la razón humana.

22. LA REALIDAD Y NUESTRA REALIDAD.

¿Qué hay ahí fuera?
¿Qué ocurre en el exterior de nuestro yo?

Hay un todo externo a nuestra piel.
Un Universo total que verdaderamente existe.
Una realidad independiente de nosotros.

Los sentidos, fuente de conocimiento.
Única ventana a la realidad total.

La realidad total y la realidad sentida.

Ondas sonoras totales de la Naturaleza.
Ondas que percibe el oído.
Frecuencias que no percibimos.
Inventos radio-físicos para percibir ondas.

Percepción muy parcial de lo existente en realidad.

Multiplicidad de rayos que nos envuelven.
Rayos captados por instrumentos inventados.

Ojos que solo perciben la luz.

Percepción muy parcial de la realidad existente.

Limitación de nuestros sentidos.

Imposibilidad de conocer la realidad total.

Solo nuestra realidad, ampliada con nuestra imagi-

nación.
.
Nuestro mundo. No, el mundo.

¿Qué se esconde ahí fuera?

Posiblemente, nada de lo que imaginamos.

Ni bueno, ni malo. Simplemente distinto.

Demoniacal N10 81x65 Oleo Arches Lienzo

MODEST SALA

23. ACTITUD ESCEPTICA ANTE LA VIDA.

La búsqueda de la felicidad.
La felicidad.
La aspiración de las gentes.
Difícil.
Pocos logran acercarse.

El equilibrio. La paz del alma.

Unos la buscan muy lejos.
En la imaginación sobrenatural.
En la fe.
Después de la muerte.
No importa mucho la felicidad terrenal.
Esperan el premio.

Los escépticos solo tenemos la vida.
Buscamos la felicidad en la vida.
No pensamos en la continuidad post mortem.
No tenemos interés en la continuidad.

Sabemos que nadie puede conocer este camino.
Es inútil rumiar.

Todo lo que puede ocurrir es posible.

Nos centramos en la vida.
Buscamos el equilibrio vital.
Escuchamos a nuestra alma, a nuestro "yo".
Equilibrio entre el instinto y la cultura.
Ejercitamos la bondad para ser felices.

Es parte del equilibrio.

No esperamos premios a nuestro comportamiento.
No tememos a la muerte más que los creyentes.

La posibilidad de "la nada" no nos hace sufrir.
En "la nada" estuvimos hasta nacer.
En "la nada" casi estamos cuando dormimos.

Amamos por instinto y por cultura.
El amor nos fluye del alma.
No nos interesa la causa.
Tampoco si es bueno o malo.

No interesa la recompensa sobrenatural.
Si no amamos no somos felices en esta vida.

Es la rebelión contra la crueldad de la Naturaleza.

No estamos conformes con el orden natural.

Rebelión posiblemente inútil.

Tampoco lo podemos saber.

Difícil equilibrio.

24. EL SENTIDO DEL UNIVERSO.

La realidad y sentido del Universo.
Finalidad del Tiempo.
La Verdad.
Imaginaciones de las religiones.
Teorías de los filósofos.
Convicciones personales.

¿Quién acertará?
Nadie acertará.

La Verdad impensable, inimaginable.
Terminación del «yo» racional.

¿Horrible o sereno paraíso celestial?
Posiblemente, todo lo contrario.

Absurdo miedo o esperanza. Ignorancia.

Inteligencia para ser feliz.
Serenidad, relajación.

Observar.
Actuar. Vivir.

Despreocupación de lo trascendente.
Coherencia de «yo».

Nada más necesitamos.

MODEST SALA

DEMONIACAL

Demoniacal N11 81x65 Oleo Arches Lienzo

MODEST SALA SEBASTIÀ, pintor y escritor, que firma sus obras pictóricas como "walas", nació en Badalona, ciudad costera junto a Barcelona, en 1951. Se dedica la pintura desde que tenía 18 años, influenciado por tradición familiar, de forma autodidacta. Esta actividad la ha ejercido en Barcelona, ciudad dónde reside desde dicha época.

Se trata de un "buscador de la verdad" en constante evolución. ¿De dónde venimos? ¿Donde vamos? ¿Qué después de la muerte? Toda su vida ha estado en constante evolución. Ello queda reflejado en sus pinturas.

Su estilo figurativo evolucionó hacia la pintura abstracta expresionista. En la actualidad en su obra queda plasmado el escepticismo vital que le absorbe. Solo formas y color. Sensaciones y emociones. Nada que interpretar, solo sentir y percibir. Solo observar sin pensar. La pintura al servicio de la evocación. La chispa para encender e incendiar. Movilizar toda la energía que cada individuo lleva dentro que permanece ociosa, sin fruto.

La técnica que utiliza para crear sus obras es compleja. La base del color son pigmentos al óleo. La mayoría de sus trabajos tienen un componente matérico esencial que imprime una textura característica. Fabrica sus propios diluyentes y aglutinantes que mezcla con arenas y otros materiales.

Tiene uno de sus talleres en Begur, pueblo de la costa catalana, donde pasa largas temporadas. El Empordà, comarca de Catalunya, y la Costa Brava son una de sus fuentes de inspiración espiritual.

Sus ideas sobre la realidad que nos envuelve pueden ser discutidas, pero en ningún caso pueden ser tildadas de triviales, sin interés.

Exposiciones recientes:

*FF Art Fair 2010 Paris.
*SIART2010 Barcelona
*GMAC La Bastille Paris
*Espacio120 Barcelona
*FUNIBER.Fundacion Iberoamericana Universidades
*MARBART2013 Marbella. Palacio Congresos.
*ART FAIR COLOGNE 2013 Alemania.
*ESPAI d'ART EL FULL 2013. Badalona.
*Espacio 120 Expos. permanente. 2013.

Exposiciones previstas:

*NATIONAL ART CEN-TER . 2014 Tokio.
*KIOTO MUNICIPAL MU-SEUM OF ART.2014
*HIROCHIMA PREFECTURAL ART MUSEUM. 2014
*ART BEIJING. 2014. Pekin.

www.ingramcontent.com/pod-product-compliance
Lightning Source LLC
Chambersburg PA
CBHW041300170426
43191CB00028B/63